Autos de carreras

Los autos de Fórmula 1

por Bizzy Harris

Bullfrog en español

Ideas para padres y maestros

Bullfrog Books permite a los niños practicar la lectura de textos informativos desde el nivel principiante. Las repeticiones, palabras conocidas y descripciones en las imágenes ayudan a los lectores principiantes.

Antes de leer

- Hablen acerca de las fotografías. ¿Qué representan para ellos?
- Consulten juntos el glosario de las fotografías. Lean las palabras y hablen de ellas.

Durante la lectura

- Hojeen el libro y observen las fotografías. Deje que el niño haga preguntas. Muestre las descripciones en las imágenes.
- Léale el libro al niño o deje que él o ella lo lea independientemente.

Después de leer

- Anime al niño para que piense más. Pregúntele: Los autos de carreras de Fórmula 1 necesitan que se les cambien las llantas durante las carreras. ¿Por qué crees que pasa esto?

Bullfrog Books are published by Jump!
5357 Penn Avenue South
Minneapolis, MN 55419
www.jumplibrary.com

Library of Congress Cataloging-in-Publication Data

Names: Harris, Bizzy, author.
Title: Los autos de Fórmula 1 / por Bizzy Harris.
Other titles: Formula 1 cars. Spanish
Autos de Fórmula uno Description: Minneapolis, MN: Jump!, Inc., [2023] | Series: Autos de carreras
Translation of: Formula 1 cars.
Audience: Ages 5–8.
Identifiers: LCCN 2021060820 (print)
LCCN 2021060821 (ebook)
ISBN 9781636909578 (hardcover)
ISBN 9781636909585 (paperback)
ISBN 9781636909592 (ebook)
Subjects: LCSH: Formula One automobiles—Juvenile literature.Automobiles, Racing—Juvenile literature.
Classification: LCC TL236.265 .H3718 2023 (print)
LCC TL236.265 (ebook)
DDC 629.228/5—dc23/eng/20220118

Editor: Eliza Leahy
Designer: Emma Bersie
Translator: Annette Granat

Photo Credits: cristiano barni/Shutterstock, cover, 8–9; Oskar SCHULER/Shutterstock, 1; Claire Slingerland/Shutterstock, 3; Darren Heath Photographer/Getty, 4, 6–7, 23br; Nomapu/Dreamstime, 5; Nick Greening/Alamy, 10–11, 23tr; ZRyzner/Shutterstock, 12; Mike Hayward/Alamy, 13, 23bl; Natursports/Dreamstime, 14–15; XPB Images Ltd/Alamy, 16; Buzz Pictures/Alamy, 17, 23tl; Cristiano Barni/Alamy, 18–19; DPPI Media/Alamy, 20–21; Natursports/Shutterstock, 22; Jeff Schultes/Shutterstock, 24.

Printed in the United States of America at Corporate Graphics in North Mankato, Minnesota.

Tabla de contenido

Autos rápidos 4
Las partes de un auto de Fórmula 1 22
Glosario de fotografías 23
Índice 24
Para aprender más 24

Autos rápidos

Los autos de Fórmula 1 se ponen en fila.

¡La carrera empieza!

Los autos dan vueltas alrededor de la pista.

¡Zum!

pista
UBS

cabina
ALPINE
14

Cada auto tiene
una cabina.

Ahí se sienta
un conductor.

¡No hay techo!

Cada auto tiene dos alerones.

Uno está en la parte trasera.

Uno está en la parte delantera.

Ellos ayudan a mantener el auto estable.

alerón
alerón

Estos autos son rápidos.

¡Circulan cuatro veces más rápidamente que los autos en una carretera!

¿Cómo?

¡Sus motores son superfuertes!

llanta
V-Power
Santander
FIAT

Cada auto tiene cuatro llantas.

Ellas son anchas.

Los autos paran durante la carrera.

¿Por qué?

Necesitan llantas nuevas.

Los equipos de boxes las cambian.

¡Esto solamente toma dos segundos!

16
5
8
20
Dell Technologies
ASTON MARTIN

Los autos vuelven a la pista.

¡Ahí está la línea de meta!

La bandera ondea.

¡Tenemos un ganador!

bandera
línea de
meta

Las partes de un auto de Fórmula 1

La velocidad máxima de un auto de Fórmula 1 es de 223 millas (359 kilómetros) por hora. ¡Échales un vistazo a sus partes!

Glosario de fotografías

equipos de boxes
Grupos de personas que arreglan autos durante las carreras.

estable
Fijo y que no se puede mover fácilmente.

motores
Máquinas que hacen que las cosas se muevan al usar gasolina, vapor o una fuente de energía distinta.

vueltas
Viajes completos alrededor de algo, como una pista.

Índice

alerones 10
bandera 20
cabina 9
carrera 5, 16
conductor 9
equipos de boxes 17
línea de meta 20
llantas 15, 16
motores 13
paran 16
pista 6, 19
vueltas 6

Para aprender más

Aprender más es tan fácil como contar de 1 a 3.

1. Visita www.factsurfer.com
2. Escribe "losautosdeFórmula1" en la caja de búsqueda.
3. Elige tu libro para ver una lista de sitios web.